BEI GRIN MACHT SICH IHR WISSEN BEZAHLT

- Wir veröffentlichen Ihre Hausarbeit, Bachelor- und Masterarbeit
- Ihr eigenes eBook und Buch - weltweit in allen wichtigen Shops
- Verdienen Sie an jedem Verkauf

Jetzt bei www.GRIN.com hochladen und kostenlos publizieren

Bibliografische Information der Deutschen Nationalbibliothek:

Die Deutsche Bibliothek verzeichnet diese Publikation in der Deutschen Nationalbibliografie; detaillierte bibliografische Daten sind im Internet über http://dnb.d-nb.de/ abrufbar.

Dieses Werk sowie alle darin enthaltenen einzelnen Beiträge und Abbildungen sind urheberrechtlich geschützt. Jede Verwertung, die nicht ausdrücklich vom Urheberrechtsschutz zugelassen ist, bedarf der vorherigen Zustimmung des Verlages. Das gilt insbesondere für Vervielfältigungen, Bearbeitungen, Übersetzungen, Mikroverfilmungen, Auswertungen durch Datenbanken und für die Einspeicherung und Verarbeitung in elektronische Systeme. Alle Rechte, auch die des auszugsweisen Nachdrucks, der fotomechanischen Wiedergabe (einschließlich Mikrokopie) sowie der Auswertung durch Datenbanken oder ähnliche Einrichtungen, vorbehalten.

Impressum:

Copyright © 2016 GRIN Verlag, Open Publishing GmbH
Druck und Bindung: Books on Demand GmbH, Norderstedt Germany
ISBN: 9783668470217

Dieses Buch bei GRIN:

http://www.grin.com/de/e-book/369465/gehaltsverhandlungen-nach-geschlecht-verhandlungsstrategien-zur-reduzierung

Laura Voges

Gehaltsverhandlungen nach Geschlecht. Verhandlungsstrategien zur Reduzierung der Entgeltungleicheit zwischen Mann und Frau

GRIN Verlag

GRIN - Your knowledge has value

Der GRIN Verlag publiziert seit 1998 wissenschaftliche Arbeiten von Studenten, Hochschullehrern und anderen Akademikern als eBook und gedrucktes Buch. Die Verlagswebsite www.grin.com ist die ideale Plattform zur Veröffentlichung von Hausarbeiten, Abschlussarbeiten, wissenschaftlichen Aufsätzen, Dissertationen und Fachbüchern.

Besuchen Sie uns im Internet:

http://www.grin.com/

http://www.facebook.com/grincom

http://www.twitter.com/grin_com

COLOGNE BUSINESS SCHOOL (CBS)

Gehaltsverhandlungen nach Geschlecht

Hausarbeit im Fach "Personalführung und Leistungsanreize", Gruppe 2

Wintersemester 2016

Frau Laura Voges

BA 14 in Studienfach General Management

I Inhaltsverzeichnis

I Inhaltsverzeichnis I
II Abbildungsverzeichnis II
1 Einleitung 1
2 Allgemeine Begrifflichkeiten 2
    2.1 Gehalt 2
    2.2 Segregation 2
3 Der Gender Datenreport 2
    3.1 Horizontale Segregation der Geschlechter 3
    3.2 Vertikale Segregation der Geschlechter 4
4 Ursachen der Einkommensungerechtigkeit 5
    4.1 Gehaltsverhandlung nach Geschlecht 5
    4.2 Diskriminierung, sowie sonstige Ursachen der Entgeltungleichheit 6
5 Verhandlungsstrategien 7
    5.1 Durchsetzungsstrategie 7
    5.2 Integrationsstrategie 7
    5.3 Reduzierungen der Entgeltungleichheit 8
6 Fazit 9
III Literaturverzeichnis III

II Abbildungsverzeichnis

Abbildung 1:Verdienstabstand zwischen Mann und Frau im Jahr 2014, nach Beruf 3
Abbildung 2:Durchschnittliches Monatsgehalt der Führungskräfte nach Geschlecht 4

1 Einleitung

Frauen in Deutschland verdienen im Schnitt 23 Prozent weniger als ihre männlichen Kollegen (Bundesministerium für Familie, Senioren, Frauen und Jugend, 2009, S.4). Der sogenannte Gender Pay Gap, wird auf die unbereinigte Lohnlücke bezogen, welche durch den Vergleich der Bruttostundenlöhne von Frau und Mann errechnet wird (Bundesministerium für Familie, Senioren, Frauen und Jugend, 2016, S.6).

Die Verdienstschere, scheint unaufhaltsam und basiert oftmals auf der zuweilen schlechten Unterbewertung des geschlechtsbezogenen Klischee und die damit verbundene mindere Wertigkeit der Tätigkeit der Frau (Bundesministerium für Familie, Senioren, Frauen und Jugend, 2016, S.25). Seit Beginn der Emanzipation der Frau, gab es eine Veränderung bezüglich der Chancengleichheit, der Rechte und des Ansehens, die jedoch nicht bis zu der Entgeltungleichheit zwischen Frau und Mann durchdringen konnte. Somit wird dem weiblichen Geschlecht des Öfteren unterstellt, dass es in Branchen arbeitet, in denen die Löhne von vornherein niedrig angesiedelt sind (Spiegel Online, Website, 2015).

Zugleich verursacht die differierende Verhandlungskompetenz von Frau und Mann ebenso, diverse Unterschiede hinsichtlich des Gehaltes und einer daran bedingten Erhöhung (Bundesministerium für Familie, Senioren, Frauen und Jugend, 2016, S.26).

Doch inwiefern bestehen Einkommensungerechtigkeiten zwischen den Geschlechtern und wie kann die Entgeltungleichheit zwischen Mann und Frau, anhand veränderter Verhandlungsstrategien reduziert werden?

Das Ziel dieser Hausarbeit ist, die vorherig genannte Forschungsfrage zu beantworten. Beginnend werden allgemeine Begrifflichkeiten zum weiteren Verständnis der Arbeit definiert. Im folgenden Kapitel wird der Gender Datenreport, im Zusammenhang mit der horizontalen und vertikalen Segregation der Geschlechter erläutert. Das vierte Kapitel beinhaltet die Ursachen der Einkommensungerechtigkeit nach Gehaltsverhandlung, Diskriminierung und sonstigen Ursachen. Im darauffolgenden Kapitel wird auf die für das Gehalt nötigen Verhandlungsstrategien und die daran gebündelte Reduzierung der Entgeltungleichheit, näher eingegangen. Schlussendlich wird die Hausarbeit mit einem entsprechenden Fazit und der Beantwortung der Forschungsfrage abgerundet.

2 Allgemeine Begrifflichkeiten

Im Folgenden wird auf die allgemeinen Begrifflichkeiten, zum näheren Verständnis der Hausarbeit eingegangen. Hierzu werden die Begriffe Gehalt und Segregation erklärt.

2.1 Gehalt

Gehalt ist eine Form des Arbeitsentgeltes, die Arbeitnehmer in regelmäßigen Abständen als Verdienst für die von ihnen geleistete Arbeit erhalten. So gleich erzielen die Angestellten diese Vergütungsform in monatlicher Zahlung (onpulson, Website, 2016). Dieses Entgelt ist von der Anzahl der Arbeitstage im Monat abhängig und wird oftmals als Grundgehalt bezeichnet (ABSOLVENTA, Website, 2016).

2.2 Segregation

Eine Segregation bezeichnet die Trennung nach Raum, anhand der sozialen Gruppen. Die Separierung der Bevölkerung erfolgt nach dem sozialen Zustand, nach den demografischen Merkmalen, wie das Alter, „nach ethnischen, religiösen und/oder sprachlich-kulturellen Kriterien" (GABLER WIRTSCHAFTSLEXIKON, Website, 2016).

3 Der Gender Datenreport

Der Gender Datenreport beinhaltet Daten und Fakten der Lebensart und der sozialen Lage von Frau und Mann (Bundesministerium für Familie, Senioren, Frauen und Jugend, 2005, S.15). Heutzutage ist die Bildung ein immenses Gut, welches zu einer erfolgreichen Lebensführung beiträgt. Beispielsweise wird das weibliche Geschlecht, im Gegensatz zum männlichen Geschlecht früher eingeschult, wiederholt weniger eine Klasse und besucht häufiger ein Gymnasium, als das männliche Geschlecht. Der darauffolgende Wunsch des

Traumjobs von Mann und Frau ist geschlechterrollenstereotyp orientiert und setzt mit zunehmenden Alter bei der Berufswahl, das Streben nach einem angemessenen endgültigen Entgelt voraus. Andererseits ist Teilzeitarbeit eine Frauendomäne und kann durch familienbedingte Erwerbsunterbrechung zu langfristigen Nachteilen in der Einkommensentwicklung der Frau führen. Familiär bedingt zieht das weibliche Geschlecht auch nur sporadisch einen Arbeitsplatzwechsel zur Verbesserung des Einkommens in Betracht (Bundesministerium für Familie, Senioren, Frauen und Jugend, 2005, S.51, 133, 163 und 165). Um Gründe der Entgeltungleichheit zwischen Mann und Frau aufzeigen zu können, wird in diesem Kapitel auf die horizontale und vertikale Segregation der Geschlechter eingegangen.

3.1 Horizontale Segregation der Geschlechter

Die horizontale Segregation beschreibt die Trennung der weiblichen und männlichen Beschäftigten. Abbildung 1 führt auf, dass Frauen und Männer in unterschiedlichen Berufen und Wirtschaftsbereichen dominieren (Bundesministerium für Familie, Senioren, Frauen und Jugend, 2005, S.133).

Abbildung 1: Verdienstabstand zwischen Mann und Frau im Jahr 2014, nach Beruf

Quelle: Eigene Darstellung.(Anlehnung an: Der Spiegel, Nr.11, 2015, S.25).

In der oben aufgeführten Abbildung 1 ist der Verdienstabstand zwischen Mann und Frau, nach Beruf, im Jahr 2014 zu sehen. Der höchste Verdienstabstand mit 28 Prozent ist in der Versicherungsbranche ersichtlich und nimmt bereits bei dem Beruf der Filialleiter/in auf 20 Prozent ab. Über einen Verdienstabstand im Bankgewerbe von 19 Prozent, dem Gastgewerbe bei 17 Prozent, dem Großhandel bei 16 Prozent, dem Maschinenbau bei 10 Prozent, dem Elektrogewerbe bei 8 Prozent, dem Personalfach bei 7 Prozent und dem Marketing, sowie der Fachinformatik bei 6 Prozent ist eine Entgeltungerechtigkeit gegenüber der Frau ersichtlich.

3.2 Vertikale Segregation der Geschlechter

Die vertikale Segregation beschreibt die Besetzung unterschiedlicher hierarchischer Ebenen nach Geschlecht. Bei einem innerbetrieblichen Aufstieg haben Rollenerwartungen, Aufstiegskriterien wie beispielsweise Dienstalter und Tarifverträge ein Ventil, welches Männer häufiger begünstigt (Bundesministerium für Familie, Senioren, Frauen und Jugend, 2005, S.133). Bezüglich dessen, erläutert Abbildung 2 diesen Sachverhalt genauer.

Abbildung 2: Durchschnittliches Monatsgehalt der Führungskräfte nach Geschlecht

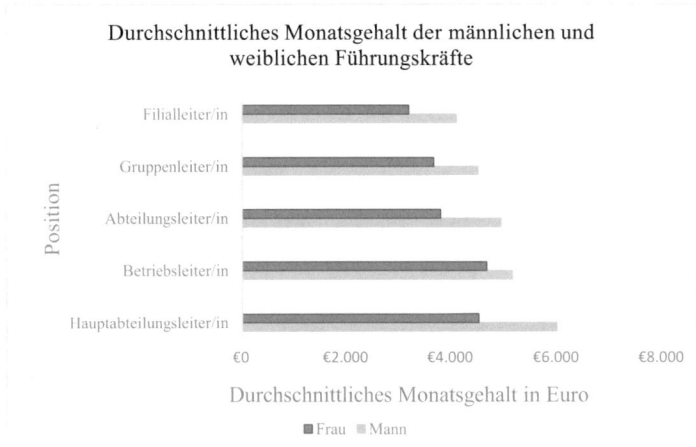

Quelle: Eigene Darstellung. (Anlehnung an: Lohnspiegel.de, Website, 2011).

Abbildung 2 beschreibt das durchschnittliche Monatsgehalt der Führungskräfte nach Geschlecht. Ein männlicher Hauptabteilungsleiter verdient 5982 Euro im Gegensatz zu der weiblichen Leiterin mit 4514 Euro. Ein Gruppenleiter erhält 4503 Euro und eine Gruppenleiterin 3661 Euro. Die Position des Abteilungsleiters wird mit 4940 Euro, sowie 3789 Euro für das weibliche Geschlecht vergütet. Der Betriebsleiter erhält ein monatliches Gehalt von 5154 Euro, welches um 487 Euro mehr als das der Betriebsleiterin ist. Schlussendlich erhält der Filialleiter 4091 Euro und verdient somit 900 Euro mehr als die Filialleiterin.

4 Ursachen der Einkommensungerechtigkeit

Nach wie vor gibt es gravierende Entgeltdifferenzen zwischen berufstätigen Männern und Frauen, die als Gender Pay Gap, somit als Lohnlücke bezeichnet werden (Jochmann-Döll und Ranftl, 2010, S.13). Hier zählt es die beträchtlichen Ursachen zu differenzieren. Dies wird in diesem Kapitel anhand der Gehaltsverhandlung, Diskriminierung und den sonstigen Ursachen ausgeführt.

4.1 Gehaltsverhandlung nach Geschlecht

Die „Verhandlung stellt einen Prozess dar, in dessen Verlauf im Konflikt stehende Akteure versuchen ein gemeinsames Ergebnis herzustellen" (Tries und Reinhardt, 2008, S.313). Mindestens zwei Akteure sind an dieser Interaktion, auch zu bezeichnen als Interessenkonflikt, beteiligt (Arndt, 2007, S.33). Diese Angelegenheiten können eine Gehaltserhöhung oder ebenso eine abgelehnte Erhöhung bedeuten (Tannen, 1994, S.8). Die Frau tritt oft erst überhaupt nicht mit ihrer Forderung nach Gehalt an den Chef heran und ist ebenso weniger selbstbewusst und akzeptiert den ersten Gehaltsvorschlag viel zu schnell. Oftmals ist das weibliche Geschlecht zu bescheiden (Holzapfel, 2009, S.43), sowie rücksichtsvoll (Tannen, 1994, S.17). Frauen empfinden Gehaltsverhandlungen als peinlich und unangenehm. Eine konkrete Vorstellung, wie ihr Verdienst in 5-10 Jahren aussehen soll, sowie einen Willen das Unternehmen lohnsteigernd zu wechseln, haben die wenigsten Frauen (Focus Money online, Website, 2016). Die Frau legt ihre Priorität viel zu sehr auf die Verbindung mit dem Verhandlungspartner und agiert in dieser Situation zu emotional. Somit kann diese Art der Gehaltsverhandlung, schlussendlich zu einer geringeren Entlohnung der Frau führen (Ruppert und Voigt, 2009, S.27).

Männer empfinden Gehaltsverhandlungen als Herausforderungen. Sie scherzen, hänseln und investieren große Mühe darein, die unterlegene Position zu vermeiden, sowie auf ihre Autorität aufmerksam zu machen (Tannen, 1994, S.18 und S.187). Das männliche Geschlecht geht Handlungen somit eher sportlich an und sieht diese als zu gewinnenden Wettkampf (Focus Money online, Website, 2016). Somit ist der Mann ein ergebnisorientierter Verhandlungspartner und handelt ein höheres Gehalt, als die Frau aus (Ruppert und Voigt, 2009, S.27).

4.2 Diskriminierung, sowie sonstige Ursachen der Entgeltungleichheit

Oftmals sind die Berufe in denen Frauen arbeiten niedriger bezahlt, da soziale Arbeitsstätten und personennahe Dienstleistungen im Gehaltsniveau tiefer angesiedelt sind, als die herkömmlich männlichen Industrieberufe (Zeit Online, Website, 2015). Beispielsweise werden männliche Berufe mit körperlicher Belastung besser bezahlt, als der Beruf der Altenpflege, welche von Frauen häufiger ausgeübt werden (Holzapfel, 2009, S.40). Sobald das erste Kind zur Welt kommt, geht die Verdienstschere auseinander und das männliche Geschlecht erzielt Karriere und verdient mit den Jahren immer besser (Spiegel online, Website, 2015). Eine faire Vereinbarkeit von Familie und Beruf ist somit für die Frau nicht gewährleistet, dass durch die zuweilen langzeitige Unterbrechung zu einer schlechteren Chance auf eine Position in Führungsrolle hinausläuft (Zeit online, Website, 2015). Darüber hinaus geht das Unternehmen davon aus, das das weibliche Geschlecht nicht dauerhaft zur Verfügung steht und befördert diese nach statistischer Diskriminierung seltener (Bundesministerium für Familie, Senioren, Frauen und Jugend, 2009, S.14). Ein Gesetz zur Entgeltgleichheit soll mehr Transparenz in die Gehaltsstruktur bringen, welches jedoch nur für Unternehmen ab 500 Beschäftigte in Kraft zu treten vermag (Zeit Online, Website, 2015).

5 Verhandlungsstrategien

Die von männlichen und weiblichen Arbeitnehmern eingesetzte Verhandlungsstrategie wirkt zunehmend differierend bezüglich ihrer Erfolgsaussichten. So gleich ist die Verhandlung für die Männer ein Triumphfaktor, für die Frauen jedoch ein Misserfolgsfaktor (Ruppert und Voigt, 2009, S.165). Nur eine gezielte Planung der Gehaltsverhandlung kann unter Berücksichtigung angewandter Strategien zu einem Erfolg führen (Ruppert und Voigt, 2009, S.174). Dieses Kapitel erläutert zwei dieser Strategien, welche als Durchsetzungsstrategie und Integrationsstrategie bezeichnet werden. Genannte Strategien führen auf, wie durch eine veränderte Verhandlungsstrategie die Entgeltungleichheit reduziert werden kann.

5.1 Durchsetzungsstrategie

Das selbstgelegte Ziel der Verhandlung basiert hier auf Zahlen, Daten und Fakten. Um die Destination zu erreichen werden einige Manipulationstechniken eingesetzt. Beispielsweise drohen, Zeitdruck oder Gewissensangst erzeugen, huldigen und die eigene Autorität hervorstechen lassen (Edmüller und Wilhelm, 2011, S.18). Hier ist der Anteil an der Verbindung zum Verhandlungspartner eher niedrig gehalten. In Gehaltsverhandlungen wird somit das „Angebot des Vorgesetzten abgewertet" (Ruppert und Voigt, 2015, S. 27/28), es wird Druck betrieben und dem Gegenüber kein Wort gewährt (Ruppert und Voigt, 2015, S.28). Die erfolgreiche Durchführung dieser Strategie ist dem männlichen Geschlecht zu zuschreiben, da diese oftmals den Frauen raten ebenso hart durchzugreifen, um ein höheres Gehalt zu erzielen (Ruppert und Voigt, 2015, S.144).

5.2 Integrationsstrategie

Die Integrationstheorie ist ein „sachorientiertes, kooperatives Verhandeln nach dem Harvard-Konzept" (Ruppert und Voigt, 2015, S.29). Hier werden die Konflikte bezüglich sachlicher Zusammenhänge gelöst (Fisher, Ury und Patton, 2013, S.39). Der Verhandelnde versucht Konflikte zu umgehen, um so einen Einklang zu erzielen (Fisher, Ury und Patton, 2013, S.24). Somit läuft die Integrationstheorie auf vier Prinzipien hinaus (Ruppert und Voigt, 2015, S.29).

Das erste Prinzip beschreibt die Trennung des Menschen von dem Problem. Das zweite Prinzip legt den Wert auf die Interessen der Verhandelnden. Das dritte Prinzip sucht nach Lösungen für beide Seiten. Das vierte Prinzip beinhaltet die Bewertung mittels neutraler Kriterien (Fisher, Ury und Patton, 2013, S.39). Diese Strategie ist eher der Frau zu zuschreiben, da diese versucht Vergleiche mit anderen Personen zu vermeiden und diese nicht abwerten möchte (Ruppert und Voigt, 2015, S.144). Einer Studie zur Folge verhandeln jüngere Frauen, desweilen erfolgreicher als ältere Mitarbeiterinnen und fast gleicherweise wie Männer (Die Welt, Website, 2016).

5.3 Reduzierungen der Entgeltungleichheit

Um dem Misserfolg vorzubeugen und erfolgreich zu verhandeln, wird der Frau empfohlen anknüpfend an diese Strategie mit Zahlen und Fakten zu untermauern und eisern, sowie selbstbewusst auf der eigene Position zu beharren. Des Weiteren sollte das weibliche Geschlecht daran arbeiten, anhand der Körpersprache Souveränität auszustrahlen und sachlich aufzutreten (Ruppert und Voigt, 2015, 117). Frauen wird empfohlen risikofreudiger zu verhandeln und ihre Stärken hervorstechen zu lassen (Ruppert und Voigt, 2015, 129 /130). Einen externen oder internen Vergleich bei dem Vorgesetzten anzubringen kann im Weiteren auch nur zu Vorteilen und einer Reduzierung der Entgeltungleichheit führen (Ruppert und Voigt, 2015, 117). Die meisten Frauen verhandeln zu weilen sehr ungern. Sie sollten ihre Forderungen öfter äußern (Topf, 2009,S.15). Das weibliche Geschlecht sollte somit „Durchsetzungsstärke, strategisches und analytisches Denken, Wettbewerbsorientierung, Ehrgeiz, Selbstbewusstsein und, wo es nötig ist, auch Härte und Machtbewusstsein" zeigen (Frankfurter Allgemeine, Website, 2015).

6 Fazit

Das Ziel dieser Hausarbeit lag darin, die Ursachen der Einkommensungerechtigkeit zwischen Mann und Frau heraus zu kristallisieren und darzulegen, welchen Stellenwert die Gehaltsverhandlung einnimmt. Hier kommen mehrere Argumentationen zum Tragen. Diese zeigen, dass die Gehaltsverhandlung zwar einen bedeutenden Teil zu der Entgeltungleichheit zwischen den Geschlechtern beiträgt, jedoch nicht die einzige Ursache dafür darstellt. Bereits die vertikale und horizontale Segregation des Arbeitsmarktes nach Wirtschaftszweigen und Tätigkeitsbereichen, ist eines der Gründe des Gender Pay Gap (Jochmann-Döll und Ranftl, 2010, S.17). Die von vornherein schlechtere Bewertung der Frauen-Arbeit, die familienbedingte Erwerbsunterbrechung und die danach aufgenommene Teilzeitarbeit, sowie die endgültige Diskriminierung basieren auf der Entgeltungleichheit zwischen Mann und Frau. „Des Weiteren sind Frauen und Männer bei der Wahl eines Arbeitsplatzes unterschiedliche nicht monetäre Leistungen wichtig, für die Sie auch bereit sind Gehaltsbußen in Kauf zu nehmen" (Wüst und Burkart, 2012, S. 106). Weitere Ursachen birgt die Gehaltsverhandlung nach Geschlecht. Männer und Frauen nutzen differierende Verhandlungsstrategien, obwohl sie auch zum größten Teil verschiedenartig in Gehaltsverhandlungen agieren. Beispielsweise sollte die Frau, selbstbewusster und hartnäckiger in Gehaltsverhandlungen sein, um die schlussendliche Entgeltungleichheit reduzieren zu können. Die bestehenden Ursachen und die heutigen Umstände, die Position der Frau zu verbessern, sind „ein zentrales gleichstellungspolitisches Anliegen" (Bundesministerium für Familie, Senioren, Frauen und Jugend, 2009, S.48). Die Verbesserung der Karrierechancen der Frau, eine Gesetzesänderung, sowie der Ausbau der Ganztagsschulen für einen schnelleren Wiedereinstieg der Frau in den Berufsalltag, wären beginnende Lösungsmöglichkeiten für eine Einkommensgleichberechtigung zwischen Mann und Frau (Bundesministerium für Familie, Senioren, Frauen und Jugend, 2009, S.48/50). Schlussendlich ist das Gesetz zur Entgeltgleichheit bereits ein guter Schritt in die richtige Richtung (Zeit Online, Website, 2015).

III Literaturverzeichnis

Arndt, F. (2008). *Tausch in Verhandlungen. Ein dynamisches Modell von Tauschprozessen.* Wiesbaden: GWV Fachverlage GmbH.

Bundesministerium für Familie, Senioren, Frauen und Jugend (2005). *Gender-Datenreport. 1. Datenreport zur Gleichstellung von Frauen und Männern in der Bundesrepublik Deutschland.* München. Zugriff am 1.09.2016 unter http://www.bmfsfj.de/doku/Publikationen/genderreport/01-Redaktion/PDF-Anlagen/gesamtdokument,property%3Dpdf,bereich%3Dgenderreport,sprache%3Dde,rwb%3Dtrue.pdf

Bundesministerium für Familie, Senioren, Frauen und Jugend (2009). *Entgeltungleichheit zwischen Frauen und Männern in Deutschland.* Berlin. Zugriff am 28.08.2016 unter https://www.bmfsfj.de/RedaktionBMFSFJ/Broschuerenstelle/Pdf-Anlagen/entgeltungleichheit-dossier,property=pdf,bereich=bmfsfj,sprache=de,rwb=true.pdf

Der Spiegel, Nr. 11 (2015). *Gender Pay Gap. Verdienstabstand zwischen Männern und Frauen nach Berufen im Jahr 2014 (in Prozent des durchschnittlichen Bruttomonatsverdienstes von vollzeitbeschäftigten Männern).* Zugriff am 1.09.2016 unter http://de.statista.com/statistik/daten/studie/411572/umfrage/verdienstabstand-zwischen-maennern-und-frauen-gender-pay-gap-in-deutschland-nach-berufen/

Edmüller, A. , **Wilhelm**, T. (2012). *Manipulationstechniken.* (2.Auflage). Freiburg: Haufe-Lexware GmbH & Co.KG.

Fisher, R. ,**Ury**, W. ,**Patton**, B. (2013). *Das Harvard-Konzept. Der Klassiker der Verhandlungstechnik.* (23.Auflage). Frankfurt/ New York: Campus Verlag.

Holzapfel, N. (2009*). Ich verdiene mehr Gehalt!*
Frankfurt/ New York: Campus Verlag.

Jochmann-Döll, A. , **Ranftl**, E. (2010). *Impulse für die Entgeltgleichheit.* Berlin: edition sigma.

Topf, C. (2009).*Erfolgreich verhandeln für Frauen.* München: Redline Verlag:

Ruppert, A. , **Voigt**, M. (2009). *GEHALT UND AUFSTIEG. Mythen-Fakten-Modelle erfolgreichen Verhandelns.* Aachen: Shaker Verlag.

Ruppert, A. , **Voigt**, M. (2015). *Verhandlungsstrategien und Verhandlungserfolg männlicher und weiblicher Führungskräfte in Gehaltsverhandlungen.* Göttingen: CUVILLIER VERLAG.

Tannen, D. (1994). *JOB-Talk.* Hamburg: Ernst-Kabel Verlag GmbH.

Tries, J. , **Reinhardt**, R. (2008). *Konflikt- und Verhandlungsmanagement.* Berlin/ Heidelberg: Springer-Verlag.

Wüst, K. ,**Burkart**, B. (2012). *Schlecht gepokert? Warum schneiden Frauen bei Gehaltsverhandlungen schlechter ab als Männer?* Zugriff am 3.09.2016 unter http://www.unisg.ch/~/media/91269B900B214866AF82D774231C06B9.ashx

Internetquellen:

ABSOLVENTA (2016). *Ein kleiner aber feiner Unterschied. Lohn vs. Gehalt.* Zugriff am 30.08.2016 unter https://www.absolventa.de/karriereguide/arbeitsentgelt/lohn

Die Welt (2016). *Die Wahrheit über ein altes Vorurteil über Frauen.* Zugriff am 9.09.2016 unter http://www.welt.de/wirtschaft/article158003522/Die-Wahrheit-ueber-ein-altes-Vorurteil-ueber-Frauen.html

Focus Money Online (2014). *So punkten Frauen bei Gehaltsverhandlungen.* Zugriff am 2.09.2016 unter http://www.focus.de/finanzen/karriere/arbeit-so-punkten-frauen-bei-gehaltsverhandlungen_id_4039474.html

Frankfurter Allgemeine (2015). *Frauen verhandeln schlechter als Männer.* Zugriff am 10.09.2016 unter http://blogs.faz.net/10vor8/2015/06/22/frauen-verhandeln-schlechter-als-maenner-4857/

GABLER WIRTSCHAFTSLEXIKON (2016). *Segregation.* Zugriff am 31.08.2016 unter http://wirtschaftslexikon.gabler.de/Definition/segregation.html

Lohnspiegel.de (2011). *Durchschnittliches Monatsgehalt* von Führungskräften nach Geschlecht.* Zugriff am 1.09.2016 unter http://de.statista.com/statistik/daten/studie/182304/umfrage/gehalt-von-fuehrungskraeften-nach-geschlecht/

onpulson (2016). *PERSONAL. Gehalt.* Zugriff am 30.08.2016 unter http://www.onpulson.de/lexikon/gehalt/

Spiegel online (2015). *Gehaltsunterschiede der Geschlechter. Warum Frauen weniger verdienen.* Zugriff am 28.08.2016 unter http://www.spiegel.de/unispiegel/jobundberuf/gender-pay-gap-warum-bekommen-frauen-weniger-lohn-a-1024229.html

Zeit Online (2015). *Deutschland muss für Frauen gerechter werden.* Zugriff am 2.09.2016 unter http://www.zeit.de/karriere/2015-08/gleiche-bezahlung-frauen-entgeltgleichheit-gastbeitrag

BEI GRIN MACHT SICH IHR WISSEN BEZAHLT

- Wir veröffentlichen Ihre Hausarbeit, Bachelor- und Masterarbeit

- Ihr eigenes eBook und Buch - weltweit in allen wichtigen Shops

- Verdienen Sie an jedem Verkauf

Jetzt bei www.GRIN.com hochladen und kostenlos publizieren